L Hölscher

Unsere Taufnamen

Eine Erklärung über deren Sinn und Bedeutung

L Hölscher

Unsere Taufnamen
Eine Erklärung über deren Sinn und Bedeutung

ISBN/EAN: 9783743698055

Hergestellt in Europa, USA, Kanada, Australien, Japan

Cover: Foto ©Andreas Hilbeck / pixelio.de

Weitere Bücher finden Sie auf **www.hansebooks.com**

Dr. L. Hölscher.

Unsere Taufnamen.

Unsere Taufnamen.

Eine Erklärung über deren Sinn und Bedeutung.

Von

Dr. L. Hölscher,
Professor.

Minden i. W.
J. C. C. Bruns' Verlag.

Gedruckt bei J. C. C. Bruns, Minden . W.

Das Eigenste, was wir haben, ist unser Vorname. Allerdings sind wir nicht blos Einzelwesen, wir sind Mitglieder einer Familie, eines Geschlechtes, eines Stammes, wir setzen einen Stolz darin, dieser Gemeinschaft anzugehören; mach deinem Namen Ehre, ruft sich selbst der heranwachsende Knabe zu, indem er der Vergangenheit seiner Familie gedenkt. Aber je mehr sich der Geist entwickelt, fühlt sich der Mensch als Einzelwesen, er fühlt sich durch seinen Namen vor dem namenlosen Tiergeschlecht ausgezeichnet als ein geistiges Wesen. Diesen Namen giebt er sich aber nicht selbst, fremde Willkür legt ihm denselben bei. Der tragische Konflikt zwischen einer heuchlerischen Mutter und einer überspannten Tochter in Wilhelm Rabes „Hungerpastor" schreibt sich her von der tiefen Abneigung der Tochter gegen die ungleiche Mutter wegen des ihr von dieser bei der Taufe beigelegten, ihr höchst verhaßten Namens. Die Paten sind es, welche dem Kinde den Namen geben, sie wählen ihn aus den verschiedensten Beweggründen, bald aus einem vermeintlich ästhetischen Gründe, halb aus Gefügigkeit gegen einen augenblicklichen Einfall, halb und am häufigsten nach einer Familienüberlieferung, und so ist es englische Sitte, Familiennamen hervorragender Verwandten mit Vorliebe auszusuchen: ein Mungo Park, Babington Macaulay, Lytton Bulwer, Fenimor Cooper, Gordon Byron sind nichts Seltenes. Nach dem uns eigenen Nachahmungstrieb haben sich bei uns im Laufe der Zeiten die aus fremden Zungen, aus dem Semitischen, Griechischen, Lateinischen, den romanischen, selbst slavischen Sprachen entlehnten Vornamen eingeschlichen, öfters in auffallender Entstellung. Dabei sind wir nicht stehen geblieben, Namen von Romanhelden haben eine Zeit lang ihr Spiel getrieben. Und blicken wir heute in die Anzeigeblätter der größeren Zeitungen, so finden wir fast täglich neue, uns noch unbekannte Vornamen, es sind Gebilde der Einbildungskraft, der Willkür; diesen Spielereien, Geschöpfen eines lahmen Verstandes, weiter nachzugehen, ist eitele Mühe. Die weit verbreiteten Taufnamen dagegen sich zu erklären, reizt die Wißbegier, erquickt das Gemüt; mit diesen beschäftigt sich das vorliegende Büchlein, welches den Ursprung und die Bedeutung der Namen nach den Ergebnissen der wissenschaftlichen Forschung in aller Kürze dem größeren Leserkreise vorlegen will.

Wir sind im Gebiete der Namen an Lehngut immer reicher geworden, an Eigengut aber sind wir unendlich ärmer als unsere Vorfahren, die uns auch in Bezug auf die Menge der Namen weit überragen; ja, je weiter wir zurückgehen, um so reicher und um so sinniger werden die Namen. In ihren Namen, als dem zartesten Gebilde ihrer Seele, legten die Alten ihre ganze Lebensanschauung nieder; vertiefen wir uns in ihre Bedeutung, so offenbart sich für uns gerade an ihnen das höchste Ideal des Volkes. Die Eigennamen sind das älteste Zeugnis, das wir von den Vorfahren besitzen; Zeiten, von denen kein Geschichts= schreiber berichtet, seit einem Jahrtausend untergegangene Völker, uralte, heidnische Vorstellungen klingen aus den Eigennamen wieder, welche teilweise noch jetzt üblich sind. Unendlich viele sind im Zeitenlaufe untergegangen; es sind an 6000 bis 7000, die uns urkundlich vorliegen; wir ließen sie fallen, wie so vieles andere in Sprache und Sitte, denn wir verstanden sie nicht mehr.

Das in neuester Zeit durch die großen Errungen= schaften in immer weiteren Kreisen gehobene und gestärkte Volksbewußtsein läßt lauter, als je, an jedes deutsche Herz den Ruf erklingen: Gedenke, daß du ein Deutscher bist, wahre die deutsche Ehre in allem, was du dein nennst, auch in dem Besten, in deiner Sprache. Wir bestreben uns, das Gebiet der Muttersprache gegen die Übergriffe anders redender Nachbaren zu verteidigen und unsere Sprache in den zulässigen Grenzen von den eingedrungenen Fremdlingen zu befreien und zu reinigen. In dem Eigen= sten, was wir haben, in den Taufnamen, rein deutsch zu sein, müßte unser höchster Zweck sein. Indessen im Laufe der Zeiten haben auf unsere geistige Entwickelung, auch auf unsere Sprache, so viele, von auswärts kommende, auch wohlthätige Einflüsse stattgefunden, daß sich auch der Kreis der Vornamen erweiterte und zu der ursprünglichen Reinheit, wie sie vor Jahrhunderten unsere Vorfahren kannten, zurückzukehren, ein unerreichbares Ziel scheint; nur bei solchen fremdländischen Vornamen beharren zu wollen, welche Verdrehungen deutscher Namen sind, ist unverständig und unwürdig (Louis, Henri, Amélie).

Diese Fremdnamen haben auch in dem vorliegenden Verzeichnis ihre Stelle gefunden; jeder, welcher von solchen den Namen führt oder ihn zu geben im Begriff ist, ersieht zugleich, aus welcher Sprache er entlehnt ist, eine weitere Erklärung ist überflüssig; schon die Bezeichnung des fremden Ursprungs mag manchen echt deutschen Paten das Gewissen schärfen.

Die eigentlichen deutschen Namen stammen aus der ältesten Vorzeit unseres Volkes. Seitdem haben in den Anschauungen und in den Wortformen desselben so vielfache Wandlungen stattgefunden, daß, um die tiefe Bedeutung unserer deutschen Taufnamen zu erkennen, geschichtliche Kenntnisse notwendig sind; die in unserem Jahrhundert vertiefte Beschäftigung mit unserer Sprache hat auch zur genaueren Einsicht in die Taufnamen geführt und ihre hohe Bedeutung zu würdigen gelehrt. In diesen Namen liegt ein tiefer Sinn.

Denn in uralter Zeit war es ein festlicher Tag, wenn im Kreise der Verwandten der Pate des Kindes Namen aussprach; für sein Ehrenamt dankte er damit, daß er einen Namen wählte, der wie ein Segensspruch das

Kind auf seinem Lebenswege begleiten sollte. Die Namen nämlich waren entlehnt aus den heiligsten, aus den religiösen Vorstellungen, von den Tieren in Wald und Flur, mit denen die Menschen wie mit Ihresgleichen verkehrten, die auf das Gemüt des Menschen Eindruck machten, und so erscheint uns das Wort Witu, d. i. Wald, in dem Namen des altsächsischen Volkshelden Wibukind, von den Lieblingsbeschäftigungen in alter Zeit, das waren Kampf und Jagd; sinnig waren die Namen meist aus zwei Wörtern zusammengesetzt.

Als mit der christlichen Religion die alten Vorstellungen mehr erblaßten, da drangen zahlreiche hebräische, griechische, lateinische Personennamen ein. Bei der fortschreitenden Berührung mit den Nachbarvölkern wanderten auch von ihnen Namen ein, und die neue Religion und modischer Geschmack waren die Ursache, daß Namen wie Elisabeth, Clementia, Eugenie, Johanne, Judith, Julian schon im 8., Agathe, Anna, Christine, Cäcilie im 9., Maria, Victoria im 10. Jahrhundert vorkamen. Dann zeigte die neue Zeit mit ihrer gelehrten Bildung ihren Einfluß, das nationale Bewußtsein nahm ab, man spielte fast nur mit den Eigennamen, die Mode wechselte wie mit Putz mit den Namen, ein unsicheres Gefühl von schönem Klange sollte oft die Entscheidung geben. So brachte der Unverstand wunderliche Bildungen hervor, so kamen die Mimi, Emmy, Fanny, Jenny u. s. w., die zahlreichen Namen auf ine und elle, es kam durch die Unkenntnis dahin, daß zwei vielleicht feindselige Schwestern den Namen Charlotte und

Caroline führten, beide aus dem Namen Karl gebildet. Die Mode erstreckte sich noch weiter, in diesem Lande sind diese, in jenem andere beliebt; auch in dem Gebrauche der Namen unterscheiden sich Nord-, Mittel- und Süddeutschland, katholische und protestantische Länder, unter 410 Schülern des deutschen Gymnasiums zu Brünn befanden sich 1885 nur drei mit dem Namen Friedrich. Vielfach herrscht die Sitte, Kinder zu benamen nach den Kalendernamen ihres Geburts- oder Tauftages, daher Maria auch bei dem männlichen Geschlecht, wenn das Kind an einem Marienfeste geboren ist (Karl Maria von Weber), Natalia (von dies natalis, Geburtstag Jesu oder der Maria), die spanischen, auch hier und da in Deutschland üblichen Frauennamen Dolores (d. i. Schmerzen Mariä, Freitag vor Palmarum), Carmen (vom Feste Mariä am Berge Karmel, d. i. 16. Juli), der Dichter P. K. Rosenegger (geb. 31. Juli 1843) heißt Petri Kettenfeier R. (dies Fest 1. August). Bekannt ist, daß sich gewisse Vornamen bei verschiedenen Regentenhäusern eingebürgert haben.

Während wir den aus der Fremde entlehnten Namen kühl gegenüberstehen, so tönt uns aus den deutschen Namen unseres Volkes Eigentümlichkeit deutlich entgegen. Unsere Vorfahren waren tief religiös; ihr frommer Sinn klingt wieder in den Bezeichnungen, die gebildet sind von Gott (Gottschalk), von den Lichtgottheiten der Asen oder Ansen (Oskar, Oswald), von den Alben oder Elfen (Alfred), den Engeln, den Hünen und Thursen (Thusnelba), dem kriegerischen Wodan oder Irmin (Irmengard), von Alah, dem Namen des heiligen Haines, von dem gleichbedeutenden Wih, von Runa (Geheimnis). Zu den religiösen Namen gehören auch die von Tieren gebildeten; denn in gewissen Tieren bewunderte man ihre Kraft, ihren Mut, ihre List, Schönheit, und deshalb waren sie den Göttern heilig; am häufigsten erscheinen die siegverkündenden Tiere Wodans, der Aar (Arno), der Wolf (Wolfgang, Adolf), der Rabe (Wolfram), aber auch der Eber (Eberhard), die Schlange oder Lint (Dietlinde). An diesen Kampf bedeutenden Namen nahmen also nicht blos die Männer teil, sondern auch die Frauen, denn das Leben war voll kriegerischer Unruhe und die Frauen Begleiterinnen der Männer. Aber in dem Weibe wurde auch etwas Göttliches, Heiliges berehrt, daher auch die von dem heiligen Schwan abgeleiteten Namen; die Namen für Weib Itis und Drud erhoben sich zum Begriffe des übermenschlichen Weibes, die Walküren Wodans sind die vergeistigten Frauen der ältesten Zeit. Kampf, Schlacht, Sieg, in denen das Volk lebte und webte, klingen wieder in zahllosen männlichen und weiblichen Namen; badu, gund, hilda, hadu, wig, bedeuten alle den Kampf, sigu den Sieg, wer die Verteidigung, not die Mühe. Das Volk in seiner kriegerischen Gemeinschaft ist das Heer, hari, welches Wort in vielen Eigennamen vorkommt. Der Gemeinfreie ist der Karl, also vorzugsweise der Mann. Die kriegerischen Eigenschaften des Mannes begegnen uns in den Zusammensetzungen mit bald (kühn), hart (stark), mut, nit, amal (arbeitsam), swind, magin (= mein, Macht), walt, Macht, (verkürzt in alb und old), werin (wehrhaft), ihre Waffen in isen, brand (Schwert), sachs (kurzes Schwert), ort (Spitze), gêr (Wurfgeschoß), ekke (Schwertschneide), halin = helm, grima (Helm), brünne (Brustharnisch). Hochgeschätzt waren die Eigenschaften in Krieg und Frieden, die Klugheit und Besonnenheit bezeichneten; dahin gehören die Zusammensetzungen mit rab, regin (Rat), hugu (Nachsinnen), dank, wille, glau (einsichtig), wis, funs (bereit), gel (fröhlich).

Die edle Abkunft, die Verbindung mit edler Sippe, der ererbte Besitz standen in hohem Ansehen; die davon hergeleiteten Bezeichnungen kehren in vielen Namen wieder, so von abal, edel, kuni (Stamm), ôt (Besitz, Gut), ôdal (Erbgut). Einen weiteren Umfang haben hari (Heer, Schar), volk, liut, leut, diot (Volksschar), druht (Gefolge), land; das Grenzland ist die Mark. Die hervorragende Stellung des Mannes (der Diener wird bezeichnet als Schalk) tritt hervor durch Pracht der äußeren Erscheinung, erscheint in den Namen in Zusammensetzungen mit brecht (glänzend, Bertha), brand (leuchtend), bag (hell, glänzend), brun (dunkelfarbig, glänzend), besonders aber durch Ruhm und Ehre, und hier erscheinend in den Zusammensetzungen mit era, ruod (Ruhm), hluod (Ruhm), rum (Lob), mar (berühmt, herrlich). Aber nicht nur durch Waffentüchtigkeit wurde Ruhm erlangt; je höher die Stellung des Mannes ist, desto mehr ist er zur Freigebigkeit verpflichtet, sie ist namentlich das Kennzeichen des Fürsten; rich in den

Eigennamen ist geradezu königlich, fürstlich, die Freigebigkeit aber wird durch die Worte gebe und milb bezeichnet. Der Familienvater hat Frau und Kind zu schirmen, er ist der Mund, d. i. Schutz derselben, in zahlreichen Zusammensetzungen begegnet uns das Wort. Derselbe Begriff liegt in dem Worte Frida, Friede, und dessen Bildungen in Namen, aus denen sich erst der Begriff von sicherer Ruhe ergiebt. Gard, berg, burg kommen besonders in weiblichen Namen vor, gard bezeichnet im allgemeinen Gehege, namentlich das Geschlossene in Haus und Hof, berg und burg das Schirmende. Wart ist der Wächter, Schützer (Dankwart, Edward, romanisiert Eduard). Walter bezeichnet Schutz und Herrschaft zugleich (in Namen oft in der Form old). Der Freund, der Geliebte heißt win (Winfried, Erwin, Balduin).

So umfangreich ist das Quellgebiet der deutschen Namen; aus ihnen galt es und gilt es zu schöpfen, „hier sind die starken Wurzeln deiner Kraft". Je mehr in diesen unversiegbaren Jungbrunnen zu tauchen das deutsche Volk sich gewöhnt, um besto mehr wird die Neigung zu den fremden Namen abnehmen, und zugleich die Liebe zum deutschen Vaterlande neue Nahrung gewinnen.

Abkürzungen.

angelſ. = angelſächſiſch.
arab. = arabiſch.
armen. = armeniſch.
rom. = romaniſch.
engl. = engliſch.
frzſ. = franzöſiſch.
frieſ. = frieſiſch.
goth. = gothiſch.
nd. = niederdeutſch.
nord. = nordiſch.
perſ. = perſiſch.
ſlav. = ſlaviſch.
weſtf. = weſtfäliſch.
griech. = griechiſch.
lat. = lateiniſch.
hebr. = hebräiſch.
verk. = verkürzt.

Die Namen ohne Zuſatz ſind hochdeutſch.

A.

Aaron, hebr., der von Gott Erleuchtete.
Abel, hebr., Hauch, Eitles.
Abraham, hebr., Vater der Menge.
Absalon, hebr., Vater des Wohlbefindens.
Achatius, rom., nach dem Fluß im westl. Sicilien, wovon der Achatstein.
Achim, s. Joachim.
Ada, hebr., die Geputzte, auch ahd.
Adam, hebr., der Erdgeborene.
Adalgis, edelstrahlend.
Adamar, von berühmtem Geschlechte (atta, mar).
Abbrich, verk. aus Abalrich, Edelfürst.
Abelo, Abilo, edel, fem. Abela, auch Koseform zu Abelheid.
Adelbald, tüchtigen Geschlechts.
Adelbert, edelglänzend (bracht, pracht), fem. Adelberta — verk. Albert, Alert, westf. Elbracht.
Adelburg, edelschirmend.
Adelgunde, edel im Kampfe.
Adelheid, strahlend an Geschlecht, Kosef. Libby.
Adelung, der Abliche.
Adolar, edler Aar.
Adolf, Edelwolf aus Athalulf.

Adrian, lat., von der Stadt Abria in Picenum.
Adwin, adlicher Freund.
Aegidius, griech., unter Gottes Schutz (Ägide).
Agapet, griech., der Geliebte.
Agathon, griech., fem. Agathe, gut.
Aglaja, griech., die Glänzende.
Agnes, griech., die Keusche, span. Ines.
Alaf, westf. Alef = Adolf.
Alard, westf. Alert = Abelhard.
Alarich, Allherrscher.
Albert, s. Adelbert.
Alberich, Elfenherrscher, frz. Aubert = Oberon.
Albin, lat., weiß.
Alboin, Elfenfreund.
Albruna, Elfenzauberin.
Aldegundis, alt im Kampfe.
Aldobrand, mit altem Schwert.
Alexander, griech., Männer abwehrend.
Alexis, griech., Helfer.
Alfons, edelbereit (adal, funs), span. Alonso.
Alfred, wie ein Lichtgeist freundlich an Rat, fem. Elfride.
Alhard, westf., edelstark.
Alibert, anders, fremd glänzend.
Alice, s. Elisabeth.
Alip = Alibert.
Alma, lat., die Nährende, Gütige.
Alois, entst. aus Ludwig (Pott: aus Adalwin).
Alone, gälisch (aus Ossian), schönheitstrahlend.

Alonso, s. Alfons.
Altmau, erfahrener Mann.
Alwin, verk. aus Adelwin, Adelfreund, edler Freund, fem. Alwine.
Amadeus, lat., = Gottlieb.
Amal, rein.
Amalberga, emsig schirmend.
Amalie, die Geschäftigkeit.
Amalasunda, goth., von starker Geschäftigkeit.
Amalbert, durch Geschäftigkeit glänzend.
Amalgunde, geschäftig im Kampfe.
Amalrich, thätiger Fürst.
Amaltrud, geschäftige Freundin.
Amandus, lat., liebeswert, fem. Amanda.
Ambrosius, griech., unsterblich.
Amine, die Treue.
Amos, hebr., stark.
Anastasius, griech., auferstanden.
Andreas, griech., Mann.
Angelus, griech., Bote, Engel; niebers. Engel, fem.
Angelica, griech., Botin, Engel.
Anke, westf., abgek. aus Anna=Katharine, auch Ankathrine, Antrineke.
Anna, hebr., Gnade, urspr. deutsch Nanna, verändert zu Ehren der h. Anna, engl. Nanny.
Anno, der Ahne, oder Koseform von Arnold.
Ansbert, ehrenprächtig (griech. Theophanes).
Anselm, Asenhelm, Asenschirmer, Gottesstreiter.

Ansgar, Ahnenspeer.
Anton, lat., fem. Antonie, vom lat. Familiennamen d. i. der Harte.
Apollonius, griech., vom Gott Apollon (urspr. der Schütz).
Arabella, lat., die kleine Araberin, abgek. Bella.
Arend, niederd., = Adler = Arnold.
Arialdo, heerwaltend.
Arigis, strahlend im Heer.
Ariovist, Heerweiser, Heerführer.
Aristipp, griech., im Rosseführen der Beste.
Armgard, s. Irmengard.
Arnd, zusammengez. aus Arnold.
Arnheide, adlergleich.
Arno, abgek. aus Arnold.
Arnold, wie ein Adler waltend.
Arntrud, adlergleiche Jungfrau.
Arnulf, Aarwolf.
Arold = Alold = Abelhold, von gnädigem Abel.
Arthur, gäl., ein vorzüglicher Bär.
Arwed, schwed. (durch van der Velde in Deutschland eingeführt), Arvid (vom altnord. Arnbidhr, von arnin und bidhr, für den Hausherd kämpfend, oder örn bidher, wie ein Aar kämpfend).
Asmus, abgek. aus Erasmus.
Astolf, streitender Wolf.
Athalia, adelich.
Athanarich, Jahresbeherrscher (goth. athn, Jahr).
Attila, goth., Väterchen.

Aurelius, lat. Familiennamen, von aurum, Gold; fem. Aurelia.
August, lat., der Erhabene, fem. Augusta. Ableitung: Augustin.
Aurora, lat. Morgenröte.
Axel, schwed., Götterkessel.

B.

Babo, Kämpferin (von Babu).
Badilo, Kampf.
Bado, Kampf.
Baldigund, tapfere Kämpferin.
Balduin, tapferer Freund, bei anderen froh Geliebter.
Balthasar, pers., Kriegsrat.
Balthild, kühne Streiterin.
Baptist, griech., Täufer.
Barbarus, griech., fremdredend; fem. Barbara, Koseform engl. Babby, Babette.
Bardolf, Streitart (barta).
Bartholomäus, arab., furchenreich, angelehnt an griech. Ptolemaios, kriegerisch; abgek. Barthel, nb. Mewes.
Bartold, mit der Axt waltend.
Baruch, hebr., gesegnet.
Basilius, griech., königlich, abgek. Blasius.
Beatus, lat., glückselig; fem. Beata.
Beatrix, lat., beglückend.

Bechtold, hellwaltend.
Beda, angels., Gebieter.
Belisar, goth., auserwählt.
Bella, lat., die Schöne.
Benedict, lat., gesegnet; fem. Benedicta, Bettina, Betta.
Benjamin, hebr., Glückssohn.
Benno, abgek. aus Berengar oder Bernhard.
Berengar, Bärenspeer, abgek. Benno.
Bernhard, Bärenstark.
Bernhild, wie der Bär streitend.
Berta, die Glänzende (= lat. Clara).
Bertold, in Glanz waltend.
Bertram, glänzender Rabe.
Bertrud, glänzende Jungfrau.
Bettina, abgek. aus Benedicta und Elisabeth.
Bilfrid, abgek. Billi, mild beschützend.
Blanka, lat., weißglänzend.
Blasius, s. Basilius.
Blidhilde, frohe Kriegerin.
Bogumil, poln., = Gottlieb.
Bodo, Gebieter (biutan).
Bonaventura, lat., gutes Geschick.
Borries, westf., s. Liborius.
Brandolf, Schwertwolf.
Brigitta = Bertha.
Brunhilde, Kämpferin mit der Brünne.
Bruno, braun, oder abgek. aus Brunold, glänzend waltend.
Bugislav, slav., Gottes Ruhm.

Burchard, burgstark, zum Bergen, Schützen kühn.
Burghild, schirmende Kriegerin.

C.

Caesar, lat., eig. Familiennamen der gens Julia, eig. hell.
Caecilia, lat., eig. blind, einäugig; caecilia = Blind=
    schleiche; röm. Geschlechtsname; engl. Cilly.
Cajetan, lat., von Gaëta.
Calixt, lat., Kelchner.
Camillus, lat., Priesterdiener; röm. Familienname.
Casimir, russ., Friedensgeber.
Caspar, pers., Schatzmeister; westf. Jasper.
Christian, griech. Christus, der Gesalbte; niederb., fries.
    Karsten; fem. Christiane, Christine, Kristel.
Christoph, griech., statt Christophoros, Christusträger,
    mundartl. Toffel, Stoffel.
Clamor, lat., der Schreier (in Westfalen üblich).
Clara, lat., die Glänzende (= Berta).
Clemens, Clementia, Clementine, lat., gnädig.
Coelestinus, lat., der Himmlische.
Coloman, Mann im Helme.
Columbanus, lat., Taubert, Taubenzüchter.
Cordula, lat. Herzlieb.
Cornelius, lat., fem. Cornelia; röm. Familienname;
    abgek. Nils und fries. Kés.
Constans, fem. Constantia, lat., standhaft, zuverläßig.
    Davon Constantinus.

Corona, lat., die Krone.
Crescentius, fem. Crescentia, lat., der Wachsende.
Crispinus, lat., Familienname, eig. Kraushaar.
Cyprian, griech., von Cypern.
Cyriacus, griech., der Herr.
Cyrill, griech., Herr, Gebieter.

D.

Dagmar, glänzend wie der Tag.
Dagobert, wie der Tag glänzend.
Dagwin, der Tagesfreund.
Damian, lat., aus domina; frzs. Dame, = Herrin, Jungfrau Maria.
Dankwar, durch Denken berühmt.
Dankward, des Denkens wartend.
Daniel, hebr., = der Herr ist mein Richter.
David, hebr., der Geliebte.
Degenhard, Deinhard, = der starke Held.
Demetrius, griech., der Göttin Demeter zugehörig.
Desiderius, Desideratus, lat., der Ersehnte.
Detlef, Dietleib, Sohn des Volkes (griech. Damogenes).
Diego, span., aus St. Jago (Jakob).
Dietbert, volkglänzend.
Dietbold, Theudobold, volktapfer.
Dietbrand, Volksschwert.
Dieter, Volksheer (griech. Demostratos).

Dietfried, Volksfriede.
Diethart, volkskühn.
Diethelm, Volksschirm.
Dietleib, s. Detlef.
Dietlieb, Volkslinde, Volksschild.
Dietmar, im Volke gepriesen (griech. Damokles).
Dietrich, Volkbeherrscher (Theodorich), Kosef. Tilmann (von Tile=Thiubilo) nd. Dierk, Diez, Detert.
Dionys, griech., eig. der Leuchtende, Erfreuende, nach dem Namen des Gottes.
Dobroslav, slav., = guter Ruhm.
Dodo, vatersverwandt.
Dolores, lat., die Schmerzen (nach der betrübten Jung=frau Maria).
Dominicus, lat., zu dem Herrn (Christus) gehörig.
Doris, griech., die Schenkende.
Dorothea, griech., Gottesgabe; frzs. Dorette, mundartl. Herta.
Dubislav, slav., Ruhm der Eiche.

E.

Ebbo, fries., = Abbo, kräftiger Mann.
Ebergard, Eber hütend.
Eberhard, Ebert, Ebbo, = stark wie ein Eber.
Ebroin, Eberfreund.
Eckard, schwertstark.

Edeline, die Edele.

Edeltrud, die adliche Jungfrau.

Edgar, mit dem Wurfspieß das Eigentum schirmend.

Editha, angels., für den Besitz streitend.

Edmund, Schützer von Hab und Gut.

Edward, Vermögenswart.

Edwin, Gutsfreund.

Edzard, fries., Vater, Gebieter.

Egbert, klingenglänzend.

Egilmar, schwertberühmt.

Egino, Schwertesspitze.

Eginulf, Schwert und Wolf.

Eglantine, frzs., wilde Rose.

Egmund, mit dem Schwerte schützend.

Egon, griech., Ziegenhirt.

Ekkard, der Schwertstarke.

Ektrud, vom Schwerte geliebt.

Eilhart, starkes Schwertes Schärfe.

Einhart, Eginhart, stark durch das Schwert.

Eitel, niederd. Itel, Idel = glänzend, leuchtend (nicht nur in der Verbindung mit Fritz).

Elbracht, s. Abelbert.

Electrudis, Waldjungfrau (alah, Tempel).

Eleonore, griech., die Mitleidige, abgek. Leonore, Nora, Laura, Lore, Ellen.

Elfride, s. Alfred.

Elftrud, Elfenzauberin.

Elia, hebr., der Herr ist mein Gott.

Elimar, von weither berühmt.

Elisabeth, hebr., Gottverehrerin, abgek. Lilli, Lisette, Lisbet, Elise, Else, Ilse, Elsbet, Betty, Bettina, Ilsabein.

Ella, die Fremde, auch verderbt aus Gabriele, Petronella u. a.

Elwire, Freundin des Mutes.

Emanuel, s. Immanuel.

Emeline, die Emsige.

Emerentia, lat., die Verdiente.

Emeran, Gottes Rabe.

Emil, lat., von Aemilius, eig. der Wetteifernde; röm. Familienname.

Emma, aus Irmina, die göttlich waltende.

Emmerich, der mächtige Fürst; ital. Amerigo.

Engel, s. Angelus.

Engelbert, glänzend wie ein Engel.

Engelhard, engelstark.

Engelgart, vom Engel gehütet.

Engeltrud, vom Engel geliebt.

Enno, abgek. aus Einhart.

Enzelin, angels., Riese.

Ephraim, hebr., fruchtbar.

Erasmus, griech., liebenswürdig.

Erchembold, ehrenkühn.

Erdmann, starker Mann.

Erdmute, ehrenmutig.

Erembert, ehrenglänzend.

Ermgart, s. Irmgart.

Erhard, heerstark.

Erich, aus Erarich, ehrenmächtig.
Erna, abgek. aus Ernesta.
Ernst, Kampf, Festigkeit.
Erwin, Heeresfreund.
Esau, hebr., der Behaarte.
Esther, hebr., der Stern; fries. Hester.
Eucharius, griech., angenehm.
Eudoxin, griech., Wohlgefallen.
Eugen, griech., edelgeboren.
Eulalia, griech., die Wohlredende.
Euphemia, griech., von gutem Ruf.
Eva, hebr., das Leben, davon mit lat. Endung Eweline.
Ewald, Gesetzeshüter.

F.

Fabian, lat., von einer röm. gens, eig. Bohnenpflanzer.
Fanny, s. Franziska.
Fastrada, fest beratend.
Fatime, arab., die Glänzende.
Felicitas, lat., das Glück.
Felix, lat., der Glückliche.
Ferdinand, der kühne Reisende, oder friedekühn; fem. Ferdinande.
Florens, lat., der Blühende. Dazu Florian, Floribus.
Folkrad, Volksberater.
Folkward, des Volkes Wärter.

Folkwin, Volksfreund.
Fortunat, lat., der Glückliche.
Franz, der Freie; fem. Franziska; frzf. Fanchon.
Freund, Freund.
Friedrich, Friedefürst, abgek. Fritz, auch Fribli; fem. Friederike, abgek. Rike, Friba.
Friedel, der Geliebte.
Frideberg, Frieden wahrend.
Fridegund, Friedenskämpferin.
Fridger, Friedensspeer.
Fridmund, Friedensschirm.
Fridolin, der Geliebte.
Frithjof, nord., der Herzensdieb.
Fulko, Volk.

G.

Gabriel, hebr., Kraft Gottes; fem. Gabriele.
Gangolf = Wolfgang, vom Ruhmeswolfe begleitet.
Garibald, speerkühn.
Gebhard, freigebig.
Gebtrud, gnädige Jungfrau.
Geisa, Speer (?).
Gelmar, frohglänzend.
Genovefa, Zauberweberin, oder: Blume mit wolligen Blättern.
Georg, griech., Landmann; nb. Jürgen; fem. Georgine.

Gerberge, speerbergend.
Gerbert, speerglänzend.
Gerhard, speerstark; fem. Gerharde.
Gerhild, Speerkämpferin.
Gerlach, am Speerspiel sich erfreuend.
Gerlinde, Speerschlange.
Gernot, Speernot.
Gero, Speer.
Gerold, mit dem Speer waltend.
Gertrud, Speerjungfrau.
Gesche, nd., Koseform = Geseke = Gertrud.
Gideon, hebr., der Vernichter.
Gilbert, Giselbert, Gisbert, speerglänzend (Pott: dem sich das feindliche Heer als kriegsgefangen ergiebt).
Giseltrud, Speerjungfrau.
Gismar, speerberühmt.
Glaubrecht, aufmerksam, geistvoll glänzend.
Godbert, gottstrahlend.
Godelind, Gottesschlange.
Godwald, Gottwaltend.
Godwin, Gottesfreund.
Gottfried, Gottesfriede, abgek. Götz.
Gotthard, in Gott stark.
Gotthelf, Gott hilft.
Gottholb, aus Godwald entstanden.
Gottlib, dem Gott beisteht.
Gottlob, Gott sei gelobt.
Gottschalk, Gottes Knecht.

Gregor, griech., wachsam.
Grimbert, helmglänzend.
Griselde, greis im Kampf.
Gudrun, Kampfzauberin.
Guido = Wib, Wald.
Gumprecht, Gundbert, kampfglänzend.
Gundobald, kampftapfer.
Gundhilde = Hildegund, Kampfesstreit.
Gundoberg, im Kampfe schirmend.
Gundolf, Kampfwolf.
Günther, Kriegsherr.
Guntram, Schlachtrabe.
Gustaf, nord., Kriegesstab (gunt).

H.

Habakuk, hebr., Umarmung.
Hadebrand, Kampfschwert.
Hademar, kampfberühmt.
Hadeburg, im Kampfe schützend.
Hadwin, Kampffreund.
Hannibal, hebr., Gottes Gnade.
Hanna, hebr., die Begnadigte.
Hanno, der Gütige.
Harald, Harold, im Heere waltend.
Harding, der Starke.
Hardulf, starker Wolf.

Hardwin, der starke Freund.
Harro, der Mann des Heeres.
Hartmann, der starke Mann.
Hartmut, von starkem Mut.
Hartold, stark waltend.
Hartwig, stark im Kampfe.
Hedwig, Kriegeskampf.
Heimbert, in der Gemeinde glänzend.
Heinrich, Hausbesitzer, abgek. Heinz; nb. Hinnerk; fem. Henriette, vom frzf. Henri, abgek. Jette.
Helenus, Helena, griech., der, die Strahlende.
Helfrich, Hilfefürst.
Heliodor, griech., Sonnengabe.
Helmbrecht, herrlich schützend.
Helmine, schirmende Freundin, Abkürz. aus Wilhelmine.
Helmtrudis, schützende Jungfrau.
Helmut, Mut im Kampfe.
Heloise, entst. aus Heilwigis (nach Pott).
Henning, Hannos Sohn.
Herbert, im Heere glänzend.
Herburg, volkschirmend.
Hermanfrid, von Irmin geschirmt.
Hermann, Mann des Heeres; fem. Hermine.
Hermenegild, mächtiger Opferer.
Herrad, volkratend.
Herta, abgek. aus Harthilde, starke Kriegerin, oder von Dorothea, oder nach der Hertha in Tacit. Germ. (besser Nertha).

Hieronymus, griech., mit geweihtem Namen; nb. Harm.
Hilarion, griech., der Heitere.
Hilarius, griech., der Heitere.
Hilbert, Hilbebert, im Kampfe glänzend.
Hilde, die Kampfhelbin.
Hildebrand, das Kampfschwert.
Hildeburg, die im Kampfe Schirmende.
Hildegard, die im Kampfe Schützende.
Hildegund, die Kriegskämpferin, s. Gundhilbe.
Hilderich, der Fürst des Kampfes.
Hildewin, Kampfesfreund.
Hildemar oder Hilmar, im Kampfe berühmt.
Hiltmund, im Kampfe schirmend.
Hiltram, der Rabe des Kampfes.
Hiltrud, Kampfjungfrau.
Hima, fem. fries. Hausfrau.
Hinko, Koseform zu Hinrik.
Hippolyt, griech., Rosselenker.
Horst, eig. Gestrüpp, das aus Reisig verfertigte Nest der Raubvögel, des Adlers Horst; als Geschlechtsname weit verbreitet (auch Horstmann), dann Personenname.
Hoseas, hebr., Heil.
Hubert, Hugibert, durch Denken glänzend, abgek. Hugo.
Hulda, die Holde.
Huldreich, an Gnade reich, oder = Ulrich.
Humbert, wie die Riesen glänzend, glänzender Hüne.
Humfrid, die Riesen zum Frieden bringend.

Hunold, mit Riesenkraft waltend.
Hyacinth, griech., von der bunkeln Gartenhyacinthe.
Hygin, griech., der Gesunde.

J.

Jakob, hebr., der Fersenhalter, nachgeboren; engl. James.
Jasper, s. Caspar.
Ida, das göttliche Weib.
Iduna, die Göttin der Unsterblichkeit.
Jeremias, hebr., Gott wird werfen.
Jesaia, hebr., Gottes Hilfe.
Jessonda, die Befreierin.
Ignaz, lat., der Feurige.
Ildephons, kampfbereit.
Ilsabein, s. Elisabeth.
Ilse, Schwanenjungfrau, s. auch Elisabeth.
Immanuel, hebr., Gott mit uns, = Manuel.
Ines, s. Agnes.
Ingeborg, von Gott geschirmt.
Ingenuin, lat., der Freigeborene.
Ingram, Gottes Rabe.
Innocenz, lat., unschuldig.
Juo, fries., Hausherr.
Joachim, hebr., Gott richtete auf, abgek. Achim.
Jodocus, lat., = Justus, Jobst.

Joel, hebr., Jehova ist Gott.
Johannes, fem. Johanna; hebr. Gott ist gnädig, abgek.
    Hans; slav. Iwan.
Jonas, hebr., die Taube.
Jonathan, hebr., Gottes Gabe.
Joseph, hebr., er fügte hinzu.
Jost, s. Justus.
Josua, hebr., Gott ist die Hilfe.
Irenäus, griech., Friedensmann.
Irene, griech., der Friede.
Irmengard, Gotteshüterin; Nebenf. Armgart, Erm=
    gart.
Isaak, hebr., er lacht. Davon Itzig.
Isabella, hebr., die Reine.
Isebrand, Eisenschwert.
Isenader, Eisensehne.
Isenbert, eisenglänzend.
Isfrid, eisengeschirmt.
Isidor, griech., Gabe der Göttin Isis.
Ismael, hebr., Gott wird erhören.
Isolde, mit dem Speere waltend.
Juda, hebr., er wird gepriesen.
Judith, Jutta, hebr., die Gepriesene.
Julius, lat., Kraushaar, Jüngling; röm. Geschlechtsname,
    fem. Julie. Davon Julian.
Jürgen, s. Georg.
Justus, lat., der Gerechte, fem. Justine, mundartl.
    Jost.

K.

Karl, der adeliche Mann, fem. Karola, Karoline, Charlotte, abgek. Lina, Linchen, Lotte, Lola, Lorle.

Karlmann, der tüchtige Mann.

Katharina, griech., die Reine; engl. Katty; Kosef. Trina, Trinchen, Katti, Käthchen.

Kilian, griech., der Tausendmann.

Klodwig, s. Ludwig.

Klothilde, s. Ludwig, die berühmte Kämpferin.

Konon, aus Konrad, mit Anlehnung an das griech. Konon.

Konrad (griech. Thrasybulos), kühner Rat, abgek. Kuno, Kunz, Kurt; Ableitung Konradin; fem. Konradine.

Krimhild = Grimhild, bezauberte Kriegsgöttin.

Kunibert, Stammesglanz.

Kunigunde, Stammesheldin, Stammeskriegerin.

Kuno, Kurt, s. Konrad.

L.

Ladislav, slav., mit Ruhm herrschend, s. Wladislav.

Lambert, Lamprecht, landberühmt.

Landolf, Wolf des Landes.

Landolt, Land waltend, abgek. Lenz.

Laura = Lore, s. Eleonore, oder vom lat. laurus, Lorbeer.

Laurentius, s. Lorenz.

Lazarus, hebr., Gott hilf.

Lea, hebr., die Müde.

Leander, griech., Volksmann oder Löwenmann.
Lebrecht, lebe recht; umgebildet aus Leobebrecht, volks=
glänzend.
Leo, griech., der Löwe.
Leodiwin, Volksfreund.
Leonhard, löwenstark, mundartl. Lienhard.
Leopold, Leitpold, vor allem Volk kühn.
Leutold, im Volke waltend.
Levin, der liebe Freund, fem. Levine.
Liborius, nd. Borries, nach dem heil. Liborius, viell. von der span. Stadt Libora; st. Liborius auch nur Bo=rius, so der letzte städtische Bürgermeister von Pa=derborn Liborius Wichart und selbst Burchard Wichart, also Borries von Burchard, und dann an den heil. Liborius angelehnt.
Lidwine, Volksfreundin.
Lienhard, s. Leonhard.
Lilli, abgek. aus Elisabeth oder Karoline.
Linda, die Milde.
Lisette, s. Elisabeth.
Lola, s. Karl.
Lorenz, lat., lorbeerbekränzt, abgek. Lenz, Lars, oder von der St. Laurentum in Latium.
Lorle, s. Karl.
Lothar, im Heere berühmt (Luther, griech. Kleostratos).
Lucas, griech., der Leuchtende.
Lubbert = Luitbart.
Lucia, Lucianus, Lucilia, lat., leuchtend.

Ludberga, das Volk schützend.
Ludger, Volksspeer.
Ludmila, slav., dem Volke lieb.
Ludolf, berühmter Wolf.
Ludwig, Klodwig, im Kampfe berühmt, abgek. Lutz; frzf. Louis; fem. Ludwiga, Klothilde; frzf. Luise.
Luitbert, im Volke glänzend.
Luitbrand, Volksschwert.
Luitgard, das Volk schirmend.
Luitger, Volksspeer.
Luitpold, s. Leopold.
Lydia, griech., die Lydierin (nach dem Namen der Purpurkrämerin. Ap.-Gesch. 16, 14).

M.

Macarius, griech., der Glückselige.
Magdalena, griech., aus der Stadt Magdala, Bein. der Maria, Matth. 27, 56; abgek. Lene; engl. Maud, Maria Magdalena; nb. Marlene.
Magnus, lat., der Große.
Malberga, die Ratsversammlung schirmend.
Malchus, hebr., der König.
Malwina, der Ratsversammlung befreundet (nach Pott gälisch aus Ossian: mit sanftem Braun).
Manfred, im Frieden mächtig.
Manuel, s. Immanuel.

Marbod, Rosseherr.
Marcellus, lat., kleiner Hammer.
Marcus, lat., röm. Name, eig. Hammer.
Margareta, griech., Perle, Kosef. Grete oder Meta.
Maria, hebr., ihre Unbeugsamkeit; engl. Mary, Molly.
Marianne = Maria Anna = Anne Marie.
Markolf, Grenzwolf.
Markward, Grenzhüter.
Markwin, Freund auf der Grenze.
Marlene, s. Magdalena.
Martha, hebr., Herrin; engl. Mat, Patty.
Martin, lat., kriegerisch.
Mathilde, Machtkämpferin, mundartl. Mechtild, Koseform Meta, Thilde; engl. Maud.
Matthäus, hebr., der Geschenkte; ital. Maffeo, Kosef. Tewes.
Matthias, hebr., Gabe Gottes, mundartl. Hiesl.
Maximilian, lat., = Maximus (der Größte) Aemilianus (der Wetteifernde), Kosef. Max.
Medardus, griech., der Herrscher.
Meinbern, der starke Bär.
Meinhard, sehr stark, Kosef. Menno.
Meinrad, stark im Rat.
Meinold, stark waltend.
Meinwerk, von starkem Werk.
Melania, griech., die Schwarze.
Melchior, hebr., König des Lichtes.
Meta, Kosef. von Margarete oder Mathilde.

Michael, hebr., wer ist wie Gott? span. Miguel.
Minna, abgek. aus Wilhelmine.
Miranda, lat., die Bewunderungswürdige.
Modesta, lat., die Bescheidene.
Molly, s. Maria.
Monika, griech., die Einsame.
Moriz, griech., der Schwarze, Mohr.
Moses, hebr., aus dem Wasser gezogen.

N.

Nanna, die Kühne.
Nanny, Nanette, s. Anna.
Napoleon, aus Nibelung, dann angel. aus lat. Neapolis.
Natalie, lat., Geburtstagskind.
Nathan, hebr., er hat gegeben.
Nathanael, hebr., von Gott gegeben.
Nepomuk, slav., hilflos.
Neidhard, Nithard, stark im Zorn, im Kampfesgrimm.
Nikodemus, griech., das Volk besiegend.
Nikolaus, griech., das Volk besiegend, Kosef. Klaus, Nils (dies auch von Cornelius).
Nils, Kosef. von Nikolaus oder Cornelius.
Noah, hebr., die Ruhe.
Norbert, glänzend im Norden.
Notburga, Burg in der Not.
Notger, Notker, Kampfesspeer.

O.

Odalgard, das Erbgut schirmend.
Odalrich, Erbgutsherr.
Odilo, reich.
Odo, reich.
Odoaker, im Erbgut wachsam.
Olaf, nord., st. Aulafr (gr. Diogenes).
Olbert, altglänzend.
Olrich = Alberich.
Olga, slav., die Glückliche.
Olivia, lat., der Ölbaum.
Onno, fries., Kosef. = Anno.
Ordulf, Schwertwolf.
Ortlib, Schwertspitze.
Ortrud, Schwertzauberin, = Ortrun.
Ortwin, Schwertfreund.
Osbert, asenglänzend.
Osburg, Asenburg.
Oskar, Asenspeer.
Osmund, von Asen beschützt.
Oswald, asenwaltend.
Otbert, durch Reichtum glänzend; fem. Otberta.
Otberg, das Gut schirmend.
Otfrid, das Gut schützend; fem. Otfrida.
Otmar, durch Reichtum berühmt, fem. Otmara, = Ottomar.
Otto oder Audo, fem. Ottilie, abgek. Komp. mit obo, besitzreich.

Otward, besitzwartend.
Ottokar, Vermögensspender.
Ottomar, durch Besitz berühmt.
Otwin, Besitzesfreund.

P.

Pandora, griech., alles schenkend.
Pankratius, griech., allwaltend.
Pantaleon, griech., in allem ein Löwe (Leonhart).
Paschalis, hebr., verschonend.
Patricius, lat., der Patrizier; engl. Pabby.
Paul, griech., der Kleine, fem. Paula; Pauline.
Penelope, griech., die Weberin.
Peter, griech, der Stein; Petronella, lat., von Petra, Kosef. Nella.
Philipp, griech., Roßfreund, fem. Philippine, Kosef. Pina.
Pipin, der Bewegende.
Pius, lat., fromm.
Placidus, lat., ruhig.
Plektrud, Blitzjungfrau.
Polykarp, griech., fruchtreich.
Porphyr, griech., in Purpur gekleidet.
Priscus, fem. Prisca, lat., alt.
Probus, lat., rechtschaffen.
Prokop, griech., der Gewinner, Förderer.
Protasius, griech., Frage, Aufgabe stellend.
Pulcheria, lat., die Schöne.

Q.

Quirin, lat., der Speerträger (westf.).

R.

Raban, der Rabe.
Rabbert, im Rate glänzend.
Radbod, im Rate gebietend.
Radgund, im Kampfe ratend.
Radolf, Ratwolf.
Rahel, hebr., das zarte Mutterschaf.
Raimund, durch Rat schützend.
Rambert, wie Raben glänzend.
Raphael, hebr., Gott heilt.
Rebekka, hebr., fest verschlungen, fesselnd.
Regino, im Rate weilend, fem. Regina.
Reinbold, im Rate tapfer, oder sehr tapfer.
Reinburg, ratschirmend.
Reiner, im Rate Herr.
Reinfrid, im Rate friedlich.
Reinger = Reiner.
Reinhard, im Rate stark, oder sehr kräftig.
Reinhilde, Ratgeberin im Kampfe.
Reinmund, mit seinem Rate den Mund (Schutz) über uns haltend.
Reinold, im Rate waltend.
Reinward, im Rate wartend.

Remigius, lat., der Ruderer.
Richard, an Macht stark, herrschgewaltig.
Richbert, königlich glänzend.
Richburg, mächtige Schützerin.
Richer, Heereskönig.
Richolf, Königswolf.
Richwin, mächtiger Freund.
Robert, Ruprecht, rühmlich glänzend (griech. Kleo=
phanes).
Roland, Ruland, Ruhmesland.
Roderich, Ruhmesfürst.
Rochus, Schlachtenrufer.
Roger, Rüdiger, Ruhmesspeer.
Roman, lat., Römer.
Romeo, ital., der Pilger.
Romuald, ruhmwaltend.
Rosa, lat., Rose.
Rosalbe, lat., weiße Rose.
Rosalia, lat., die Rosige.
Rosamunde, der Rosenschutz, oder: Rosseschützend.
Roswitha, starker Kriegsmut.
Rotraut, Ruhmeszauberin.
Ruben, hebr., sehet, ein Sohn!
Rudhard, an Ruhm stark, Ruthard.
Rüdiger, s. Roger.
Rudolf, der Ruhmeswolf (griech. Lykurgos), Rosef. Ruobi,
Rollo; frzf. Raoul.
Ruth, hebr., genügsam.

S.

Sabine, lat., die Sabinerin.
Sally, hebr., unter Gottes Schutz.
Salomo, hebr., der Friedensreiche.
Sales, nach dem franz. heil. Franz von Sales.
Samuel, hebr., von Gott erhört.
Sara, hebr., Fürstin.
Saul, hebr., gefordert.
Schwanhilde, Schwanenjungfrau.
Sebastian, griech., verehrungswürdig.
Sebald, mehr beherrschend, oder zsg. a. Sigebald, siegesstark.
Selma, hebr., die Glückliche, Friedliche; der Name aber in Deutschland üblich, seit Klopstock den Namen des von Fingal beherrschten Reiches Selma zu einem Frauennamen machte.
Sergius, lat., röm. Geschlechtsname.
Severin, lat., streng.
Sibylla, griech., Zeus' Rat verkündigend.
Sidonia, hebr., der Fischfang.
Sigbald, siegestapfer.
Sigbert, siegglänzend (griech. Nikophoros).
Sigfrid, durch den Sieg Frieden bringend.
Sigebot, fries. Sibo, Siegesbote.
Sigher, Siegesherr (Nikostratos).
Sighard, siegesstark.
Sighelm, Siegeshelm.
Siglinde, Siegesquelle.

Sigmar, siegberühmt (griech. Nikokles).
Sigmund, durch Sieg schützend.
Sigulf, Siegwolf.
Sigward, siegwartend (griech. Nikomedes).
Sigtrud, Siegesjungfrau.
Silvester, lat., Waldmann.
Simon, hebr., die Erhörung.
Simson, hebr., kleine Sonne.
Sinbold, Reise waltend.
Sindbald, reisetapfer.
Sindbert, reiseglänzend.
Sindolf, Reisewolf.
Sophia, griech., Weisheit.
Stanislaus, slav., Ruhm der Beständigkeit.
Statius, westf., auch sonst, röm. Eigenname, standhaltend, oder verk. aus Anastasius (?).
Stephan, griech., Kranz; frzf. Etienne.
Suidger, rasch mit dem Speer, = Sweder.
Susanne, hebr., Lilie.

T.

Tankred, ratbenkend.
Tendohilde, Volkskämpferin.
Tewes, s. Matthäus.
Thaddäus, aram., klug.
Thado, Tjado, fries., Volksgenoß.
Thekla, griech., nach Gott genannt.
Theobald, für das Volk kühn.

Theobul, griech., von Gott beraten.
Theobald, Volk beherrschend.
Theodofrid, Volksfriede.
Theodor, griech., Gottes Gabe, russ. Fedor.
Theodosius, griech., von Gott gegeben.
Theodulf, Volkswolf.
Theophil, griech., von Gott geliebt.
Theophron, griech., göttlich denkend.
Therese, griech., Wild zeigend, oder d., die Schnelle.
Thorwald, im Donner waltend.
Thomas, hebr., Zwillinge.
Tilmann, s. Dietrich.
Timotheus, griech., Gott ehrend.
Titus, griech., ehrwürdig.
Tobias, hebr., des Herrn Güte.
Traugott, traue Gott.
Tusnelde, Riesenbekämpferin (Tursinhilde), verderbt in Nelly.
Tycho, fries., gedeihend, wachsend.

U.

Ulrich, Stammesfürst.
Ulske, s. Ursula.
Ulfrid, Stammesfriede, s. auch Wolfhart.
Undine, lat., die Wellengöttin.
Urania, griech., die Himmlische.
Urban, lat., städtisch).
Ursula, die Leuchtende, Kosef. Ulske.

V.

Valens, lat., stark, davon Valentin.
Valerius, lat., stark, gesund, davon Valerian.
Valeska, slav., die rühmlich Herrschende.
Veit, wissend, beobachtend.
Veronica, griech., siegbringend (maced. Berenike).
Victor, lat., fem. Victoria, siegreich.
Vigilius, lat., wachsam.
Viola, lat., Veilchen.
Vincenz, lat., Sieger.
Virginia, lat., jungfräulich
Volbert (Fulbert), im Volke strahlend.
Volkmar, im Volke berühmt, Kosef. Poppo.
Volmar, bis zu Ende, hochberühmt.
Volrad, der ganze Rat, oder volkberatend.

W.

Walbert, glänzend waltend.
Waldemar, durch Walten berühmt.
Waldrich, waltender Fürst.
Walpurgis, Hort der Gefallenen, oder gewaltige Schützerin.
Walfried, im Frieden waltend.
Walram, Rabe des Schlachtfeldes.
Wandala, wandelnd, die Vandalin.
Warand, wehrend.
Warnfrid, Wehrfriede.
Warmund, Wehrschutz.
Wendelin, der kleine Wende, der Vandale.

Welf, der junge Wolf.
Welfhard, stark wie ein junger Wolf.
Werner, das Heer schützend.
Wernher, in der Wehr stark.
Wessel = Wernher.
Wieland, der kunstreiche Waffenschmied, an Schätzen reich.
Wigand, Kämpfer.
Wigbald, im Kampf kühn.
Wigbert, Wibert, im Kampfe glänzend.
Wigburg, im Kampfe schützend.
Wigfrid, Wifrid, kampfberuhigend.
Wighard, Weikard, kampfesstark.
Wiglind, Kampfschlange.
Wigmann, Wichmann, Kämpfer.
Wigmar, kampfberühmt.
Wilhelm, der die Seinigen behelmt, beschützt (gr. Alexandros).
Willebrord, des Willens Spitze.
Willeram, des Willens Rabe.
Willehad, der Willenskampf.
Willibald, willenskühn.
Willibert, willensglänzend.
Williburg, des Willens Schutz.
Willig, willensstark.
Willigis, Waffen begehrend.
Wilrich, Willensfürst.
Wiltrud, durch ihren Willen starke Jungfrau.
Winand, wackrer Freund.
Winfrid, der Freunde Friede.

Winmar, unter Freunden berühmt, der Freunde Ruhm.
Winold, unter Freunden waltend.
Winrich, der Freunde Fürst.
Wiprecht, im Kampfe glänzend.
Wishard, weisheitstark.
Witmar, waldberühmt.
Witolf, Waldeswolf.
Wittekind, im Walde geboren.
Wittich, im Walde.
Wladimir, slav., Weltbeherrscher.
Woldemar = Waldemar.
Wratislav, slav., ruhmesglänzend.
Wolf, Wolf.
Wolfgang = Gangolf.
Wolfhard, Wolfstark, fries. Ulfert.
Wolfram, Wolfrabe.
Wunnibald, in Wonne kühn.

X.

Xanthippe, griech., gelbe Rosse haltend.
Xaver, arab., glänzend.

Z.

Zachäus, hebr., rein.
Zacharias, hebr., Gott gedenkt.
Zerline, Kosef. zu Sara.
Zedekia, hebr., Gerechtigkeit Gottes.